ÉTUDE SUR LA NATURE

DE LA

GARANTIE EN CAS D'ÉVICTION

DANS

LES VENTES DE CHOSES CORPORELLES

(Publiée par la *France judiciaire* et extraite d'un Mémoire sur la garantie en cas
d'éviction dans les ventes de choses corporelles,
couronné par l'Académie de législation de Toulouse),

PAR

M. ALEXANDRE MÉRIGNHAC

AVOCAT PRÈS LA COUR D'APPEL DE TOULOUSE
DOCTEUR EN DROIT

PARIS

<table>
<tr><td>PEDONE-LAURIEL, Éditeur,
LIBRAIRE DE LA COUR D'APPEL ET DE L'ORDRE DES
AVOCATS
13, rue Soufflot, 13.</td><td>ARTHUR ROUSSEAU
LIBRAIRE-ÉDITEUR
14, rue Soufflot, et 12, rue Toullier.</td></tr>
</table>

1882

ÉTUDE SUR LA NATURE

DE LA

GARANTIE EN CAS D'ÉVICTION

DANS LES VENTES DE CHOSES CORPORELLES

La vente est un contrat par lequel l'une des parties transfère à l'autre la propriété d'une chose en retour d'un prix déterminé (1582 code civil). De là découlent toutes les obligations des parties contractantes : Si l'acheteur doit payer son prix, le vendeur, par contre, doit lui faire délivrance de la chose vendue.

La délivrance est donc la première, la plus importante, la seule même, à proprement parler, des obligations du vendeur; toutefois ce point mérite quelques explications. Il semble, en effet, que, logiquement, toutes les obligations du vendeur ne soient pas remplies, lorsqu'il a procédé à la livraison de la chose vendue. Pour que le contrat intervenu entre les parties ait quelque sens, quelque raison d'être, il faut que la possession, une fois livrée, soit conservée à l'acheteur; qu'elle lui soit, en un mot, garantie.

Mais le vendeur, en garantissant, ne fait en réalité que continuer la délivrance qu'il a réalisée, pour la première fois, à la suite de la convention; de sorte que la garantie n'est, à proprement parler, que la continuation de la délivrance, se perpétuant durant tous les instants de la possession de l'acheteur. Ainsi envisagée, elle découle naturellement de la délivrance, ou, plutôt, se confond avec elle, au point qu'elle en est le complément indispensable; car suivant une expression des plus exactes : *non videtur tradita possessio, si quis eam postea jure avocaverit*[1].

C'est la délivrance ainsi envisagée sous cette forme perpétuelle et sans cesse renaissante, qui est surtout intéressante à étudier dans le contrat de vente; car, tandis que la délivrance proprement dite se cantonne dans un fait particulier et isolé, la garantie se continuant *in infinitum* après le contrat, donne, à raison de sa durée même, naissance à une foule de problèmes juridiques des plus délicats.

Parmi ces problèmes, l'un des principaux et qui mérite, par conséquent, le plus, de fixer l'attention du jurisconsulte, est celui qui a trait à la nature

---

1. Loi 3 au D. *de act. empti.*; — DONNEAU, t. VII, p. 381. — POTHIER, *Vente*, édit. Bugnet, p. 38, n° 81.

même de la garantie. Après avoir recherché ce qu'elle était sous l'empire du droit romain et dans notre ancien droit, nous déterminerons, d'une façon ' lle est devenue dans notre droit actuel.

La base de la garantie repose sur ce fait que le vendeur, ayant transmis à l'acquéreur tous ses droits sur la chose vendue, ne saurait, plus tard, prétendre à ces droits dont il s'est dessaisi. De là vient la donnée primordiale de la garantie, d'abord consacrée par la législation romaine ; la garantie du fait personnel ou de ceux qui sont les ayants cause de l'auteur, et comme tels tenus au même titre que lui. Il est naturel, en effet, que celui qui doit garantir ne puisse évincer lui-même, d'où la maxime : *quem de evictione tenet actio eumdem agentem repellit exceptio*[1]. D'autre part, c'est sur la foi de celui que nous venons de voir ainsi tenu de la garantie, que l'acheteur a traité. Le vendeur, pour compléter ses obligations, doit donc, en vertu du caractère de bonne foi que le droit français attribue à la vente aussi bien qu'à tous les autres contrats, garantir le fait d'autrui comme son fait personnel. La garantie a ainsi un double aspect : *la garantie du fait personnel* et *la garantie du fait d'autrui*. A la première correspond *l'exception* que l'on peut définir : *un moyen de repousser la demande pris de ce que le demandeur en éviction est lui-même obligé de protéger l'acquéreur contre la prétention qu'il émet*. A la seconde s'applique *l'action*, que nous définirons : *un recours accordé à l'acquéreur contre son vendeur, afin d'obliger celui-ci à remplir le but du contrat, en repoussant toute prétention contraire à la paisible possession de la chose vendue et à l'indemniser s'il n'y peut parvenir*. L'action et l'exception réunies constituent *l'obligation de garantie* dont nous allons envisager l'objet.

Le fait personnel ou le fait d'autrui tend à troubler le libre exercice, l'usage normal du droit de propriété, en empêchant la jouissance. Le premier chef de l'obligation de garantie consiste donc à arrêter ce conflit de droits contraires, *en faisant jouir l'acquéreur*. Si les prétentions opposées à cette jouissance aboutissent à une action en justice, alors prend naissance le second devoir du vendeur qui indique, en même temps, le second chef de la garantie, le principal assurément : *prendre le fait et cause de l'acheteur*, fournir cette *auctoritas* du droit romain qui est, suivant Pothier : « l'objet immédiat et primitif de la garantie[2]. » Enfin si le vendeur ne réalise point cette défense et laisse consommer l'éviction, il est alors tenu *d'indemniser l'acquéreur du préjudice qu'il a éprouvé*, et le troisième chef de la garantie a ainsi trait aux dommages-intérêts qui sont dus en raison de la perte causée par l'éviction.

Les deux premiers chefs de l'obligation de garantie, qui se placent avant l'éviction, peuvent être décomposés par l'analyse juridique ; mais ils se confondent en réalité pour aboutir au même but : faire jouir de la chose, car

---

1. Conf. POTHIER, *Vente*, p. 171 et 176, nᵒˢ 165 et 180 ; — TROPLONG, *Vente*, I, nᵒ 420 ; — Cassat., 12 prairial an IV et 24 janvier 1826 ; — Pau, 22 janvier 1815 ; — Colmar, 18 novembre 1841. (*J. du Palais*, à leur date.)

2. POTHIER, p. 45, nᵒ 103.

— 3 —

c'est évidemment ce résultat que poursuit l'acquéreur quand il requiert le
vendeur de prendre son fait et cause [1]. Mais, contrairement à ce qui a été
ffirmé il faut voir un chef distinct de la garantie dans le troisième qui
oblige le vendeur à indemniser l'acquéreur, une fois l'éviction consommée.
On objecte [2] que les dommages-intérêts ne sont point particuliers à la garantie, qu'ils sont la conséquence de toute obligation de faire à laquelle ils se
substituent en cas d'inexécution. On ajoute que la distinction que nous vou-
lons établir est dangereuse, car elle autoriserait le vendeur à s'exonérer, en
les payant, de l'obligation de prendre le fait et cause. Nous cherchons vai-
nement comment il en pourrait être ainsi, et cette prétendue conséquence
est basée sur une erreur manifeste provenant de ce que, dans l'opinion contraire, on oublie que les dommages-intérêts ne sont pas facultatifs dans l'o-
bligation de faire, mais ne prennent naissance que lorsque l'exécution est
devenue impossible, principe important et que met précisément en pleine
lumière la distinction critiquée. Avant l'éviction, l'obligation de faire jouir
existe seule et on ne peut la remplacer par une autre, parce que la garantie
peut être utilement ramenée à effet sous son premier aspect, par la prise du
fait et cause ; une fois l'éviction consommée, il ne peut plus en être ainsi
par la force même des choses, et, dès lors, il n'y a plus lieu qu'aux dommages-intérêts. Ce raisonnement affirme donc l'existence successive et distincte des deux chefs de la garantie et implique, par suite, l'impossibilité
de les remplacer l'un par l'autre, comme on nous le reproche. Nous ajou-
tons que c'est plutôt dans le système de nos adversaires que cet inconvénient pourrait se produire, puisqu'ils confondent en un seul les deux chefs
de la garantie.

La vérité de notre opinion est, du reste, mise en lumière, d'une façon in-
discutable, par l'article 1640 du code civil qui dispose que la garantie en cas
d'éviction cesse quand l'acquéreur s'est laissé condamner par un jugement
passé en force de chose jugée, sans avoir appelé son vendeur en cause, si
celui-ci prouve qu'il existait des moyens suffisants pour faire rejeter la
demande. On peut prévoir les hypothèses suivantes : Ou le vendeur a été
mis en cause sans que l'éviction ait été repoussée, il y a alors chose jugée
à l'égard de toutes parties et la dette des dommages-intérêts subsiste seule ;
ou le vendeur n'a pas été mis en cause et prouve qu'appelé il eût pu garantir ; en ce cas, la garantie cesse, car l'article 1640 le déclare libéré ; ou
bien, enfin, le vendeur non appelé ne peut justifier qu'il avait des moyens
suffisants pour faire repousser la demande ; ici, encore, il ne peut plus être
question que de dommages-intérêts, puisqu'il est reconnu que la défense
est impossible. Donc, dans toute hypothèse, on en arrive à cette conséquence inévitable qu'il n'y a lieu au second chef de la garantie, c'est-à-dire,
aux dommages-intérêts, que lorsque le premier, c'est-à-dire, la prise du fait

---

1. *Sic.* DUMOULIN, *Div. et indiv.*, 2º partie, nº 498 et suivants ; — TROPLONG, *Vente*,
I, nº 457 ; — EYSSAUTIER, *Revue critique*, 1857, 11, p. 500.
2. EYSSAUTIER, *loco citato.*

et cause, est devenue impossible ; que, par suite, ces deux chefs sont parfaitement distincts et séparés.

Après ces notions générales sur l'objet de la garantie et sur les diverses formes qu'elle affecte quand on veut la ramener à effet, notions indispensables pour la clarté du sujet, abordons immédiatement l'examen de la nature de la garantie.

Les auteurs anciens avaient, à cet égard, émis des théories diverses qu'ils prétendaient avoir toutes puisées dans le droit romain. D'après Dumoulin et Pothier [1], l'action en garantie aurait été indivisible, et l'exception, divisible. Suivant leur doctrine, l'action doit être indivisible, car l'acte dans lequel elle se résume : la prise du fait et cause, est indivisible comme tout fait. Comment pourrait-on concevoir le tiers, le quart, le dixième d'une défense qui porte sur un acte unique, la prise du fait et cause ? L'action, suivant l'expression énergique de Dumoulin : *respicit unicam et integram totius controversiæ defensionem quasi certam quamdam formam* [2].

Du reste, ajoutaient-ils, le but de l'acquéreur, quand il a contracté, a été d'avoir la chose tout entière, bien qu'on la suppose divisible ; la fin du contrat serait donc manquée, s'il était obligé de subir le *cisaillement* de l'objet vendu, s'il ne pouvait l'exiger en totalité de la part de tous ceux qui sont tenus à la délivrance. Il n'en est plus de même, disaient toujours les mêmes auteurs, lorsque l'éviction est consommée ; on rentre alors dans la règle que toute obligation de faire se résout en dommages-intérêts, et, comme les créances se divisent de plein droit entre les cohéritiers tant activement que passivement, le fait indivisible disparaissant, la règle de la divisibilité reprend son empire. Mais s'agissait-il de l'exception de garantie, ils la déclaraient divisible, car chaque héritier du vendeur n'est débiteur de la chose vendue que pour sa part héréditaire, lorsque l'objet est, comme on le suppose, divisible. Dès lors, cet héritier remplit son obligation en laissant à l'acquéreur la seule partie de la chose qu'il eût dû lui délivrer, si l'auteur n'eût pas effectué la délivrance ; et ce dernier, en exécutant la convention, n'a pas pu rendre la condition de ses héritiers plus onéreuse que s'il n'avait pas exécuté du tout. Enfin Pothier et Dumoulin expliquaient (ce qui n'est pas fort clair dans leur système) qu'il ne faut pas se préoccuper de ce que l'obligation de défendre serait indivisible ; « car cette obligation n'est pas une obligation précise et absolue, mais une obligation dont chaque héritier du vendeur, quoiqu'il en soit tenu pour le total à cause de l'indivisibilité de la défense, peut néanmoins se décharger en satisfaisant autant qu'il est en lui, pour la part dont il est héritier, à l'obligation principale *præstare emptori rem habere licere* [3]. »

D'autres auteurs considéraient comme indivisibles l'action et l'exception.

1. Dumoulin, *Tract. de div. et indiv.*, pars II, n° 487 et suivants ; — Pothier, *Vente*, n°ˢ 103 et 174 (édit. Bugnet, p. 46 et 73).
2. Dumoulin, *ibid.*, part. 2ᵉ, n° 496 ; — Pothier, *ibid.*, n° 104 et suivant.
3. Dumoulin, *ibid.*, II, 499 et suiv. ; — Pothier, *loco citato* ; — *Adde* Henrys, t. II, lib. 4 ; *quæst.* 31.

Ils déclaraient applicables, par identité de motifs, à l'exception, les raisons qui faisaient que l'action était indivisible. D'après eux, l'obligation subsistait, toujours la même, immuable, et il était absurde de prétendre qu'un moyen de procédure en pouvait changer la nature. Ils posaient, du reste, en principe qu'il n'y a aucune différence entre l'action et l'exception, celle-ci n'étant autre chose que l'action elle-même, mais dans une hypothèse spéciale ; elle n'aurait été, en effet, inventée que pour éviter un circuit, en empêchant de laisser prendre ce qu'il faudrait restituer ensuite. Mais, au fond des choses, la situation était la même, et dès lors la mesure de l'action indiquait celle de l'exception ; la première donnant le tout, la seconde devait permettre de se défendre pour le tout. Quant à l'argument tiré de ce que l'obligation de défendre n'est pas précise et peut quelquefois se résoudre en dommages-intérêts, il y était répondu que rien n'est plus précis que l'hypothèse où l'exception est invoquée ; qu'il ne peut s'agir alors de dommages-intérêts, puisque l'on peut obtenir la réalisation directe de l'obligation de garantie d'un défendeur qui se trouve en possession.

Cette dernière remarque servait d'argument principal à ceux qui déclaraient l'exception indivisible, et l'action au contraire, divisible. Enfin, la divisibilité totale avait eu, elle aussi, comme on le verra, ses partisans.

Au point de vue de la logique pure, le système de l'indivisibilité totale est préférable au système mixte de Dumoulin et de Pothier, car, ainsi que nous le démontrerons plus loin, les mêmes motifs qui font décider que l'action est indivisible doivent faire admettre que l'exception l'est aussi. Il faut donc se prononcer, en totalité, pour l'un ou pour l'autre de ces deux principes : la garantie sous toutes ses faces est divisible ou indivisible ? Quelle solution fut adoptée par le droit romain ?

Consultons Paul. Au *principium* de la loi 85 au Digeste (*de verb. obligat.* XLV, I) il divise les obligations en quatre classes : les obligations divisibles, les obligations indivisibles, les obligations génériques et alternatives et enfin celles desquelles il dit : *solidum petendum est, licet in solutionem admittat secutionem.* C'est dans cette 4e classe qu'il range l'obligation de garantie, quand il ajoute au § 5, de la même loi : *in solidum agi oportet et partis solutio adfert liberationem cum ex causâ evictionis intendimus, nam auctoris heredes in solidum denunciandi sunt omnesque debent subsistere et quolibet defugiente omnes tenebuntur, sed unicuique pro parte hereditariâ præstatio injungitur.* Un point d'abord certain, c'est que Paul ne range pas l'obligation de garantie dans les obligations indivisibles, puisque, loin de la mettre dans la seconde catégorie, qui leur est relative, il en fait une classe à part, et cela avec juste raison. En effet, ce qui caractérise, d'après lui, cette sorte d'obligation, c'est que la demande y est faite *in solidum*, tandis que la prestation peut être partielle. Or, on sait que les obligations sont indivisibles ou *naturâ* ou *contractu*, et alors la demande et la prestation s'effectuent *in solidum*, ou qu'elles le sont *solutione tantum*[1], et dans ce cas, l'obligation

---

1. Telle est, du moins, l'opinion accréditée ; mais conférez ce qui sera dit ultérieurement sur ce point.

n'est plus indivisible que dans son exécution. Mais on n'a jamais pensé à une indivisibilité qui consisterait en ce que l'obligation serait indivisible quant à la demande et divisible dans l'exécution; en réalité, il n'y aurait plus, alors, indivisibilité. Les jurisconsultes romains avaient si peu pensé à l'indivisibilité en notre matière, qu'ils décidaient qu'en cas d'éviction partielle, c'était seulement eu égard à la partie évincée que le recours était dû. (D. lois I, 64 et 69, *in fine* XXI, II, *de evict.*); et cependant l'un des effets de l'indivisibilité consiste à rendre impossible entre débiteur et créancier uniques, une prestation partielle[1] : (Cpr. loi 4, § 2. D. *de verb. oblig.* XLV, I). D'autre part, l'indivisibilité entre plusieurs debiteurs produit l'autorité de la chose jugée, à l'égard de ceux qui n'ont pas été mis en cause ; or, au cas de garantie, ce dernier résultat n'était obtenu que lorsque toutes les parties avaient été appelées ; d'où il suit que c'est de la force de cet appel en cause général que résultait l'autorité de la chose jugée, tandis qu'elle aurait dû émaner de la nature même de l'obligation, si cette dernière eût été réellement indivisible.

Abordons maintenant l'examen des textes. La loi 39, § 2 (D. *de evict.*) suppose une vente faite par deux copropriétaires avec indication de parts; chacun est tenu pour la sienne, s'il y a éviction; il ne pouvait donc être ici question d'indivisibilité. On est fondé à penser qu'il en était de même lorsque la vente avait eu lieu sans indication de parts, bien que les textes soient muets sur cette hypothèse. En effet, il ne pouvait s'agir d'indivisibilité *naturâ*, puisque les parties n'auraient point été libres d'y déroger, en fixant les parts (cas prévu par la loi 39 précitée). D'un autre côté, on n'y pouvait présumer une indivisibilité conventionnelle, car il est évident que celui qui achète de plusieurs entend tenir ses droits de tous et non d'un seul, de même que tous s'engagent à les lui transmettre au même titre, c'est-à-dire, chacun pour sa part. Peu importait que ces droits ne fussent point cantonnés et séparés, comme dans le cas d'assignation de parts; le fait même de la vente par plusieurs déterminait cette division et, pour que le contraire se produisît, il aurait fallu une clause formelle ou une vente portant sur une chose indivisible ; à défaut, la divisibilité devait se présumer comme droit commun. Mais on ne pouvait la présumer de même, lorsqu'il s'agissait de l'exception, en vertu de ce principe que le contrat de vente étant de bonne foi, il y aurait eu dol de la part du vendeur à revendiquer une part quelconque d'une chose que la convention à laquelle il avait donné son libre consentement, l'obligeait à transmettre, sans réserve, à l'acquéreur. Toutefois, remarquons-le bien, ce résultat ne se produisait pas parce que la garantie était indivisible, mais à raison de cette idée, à la fois logique et juste, que l'on ne pouvait permettre à celui qui avait été partie à un contrat de le rompre, même pour partie.

Les motifs qui avaient fait admettre que l'action se divisait au regard des

1. La même remarque s'applique à la possibilité de la remise partielle de la dette de garantie consentie au débiteur, remise qui eût été impossible si la dette avait été indivisible.

covendeurs, s'appliquaient au cas où le vendeur primitif avait laissé plusieurs héritiers. Il y avait même, à leur égard, une raison de plus pour le décider ainsi. On sait, en effet, que les obligations se divisaient de plein droit entre eux, en vertu d'une règle qui remontait à la loi des *Douze Tables;* le créancier, en traitant, avait donc dû prévoir cette conséquence de la mort éventuelle de son débiteur et se prémunir contre elle ; s'il ne l'avait fait, il était censé avoir consenti à la division. La divisibilité de l'action s'affirmait ainsi vis-à-vis des cohéritiers ; il en devait être de même de celle de l'exception, car la raison de bonne foi, que nous avons donnée plus haut à l'égard des covendeurs, n'existait point pour ces derniers, qui n'avaient point été parties au contrat. Dès lors, tenus seulement pour partie, ils ne pouvaient, logiquement, se voir opposer, que pour partie, la maxime : *quem de evict...* (Const. 14. C. *de rei vind* , III, XXXII.)

Il semble donc que, de tout ce qui précède, on soit forcément amené à conclure que la garantie n'est indivisible que lorsque la chose vendue l'est elle-même, ou que lorsqu'il y a clause formelle à cet égard. On trouve cependant des textes qui semblent jeter quelque incertitude sur l'opinion que nous venons d'émettre, et qu'il importe, par suite, de concilier avec elle. Il est dit dans la loi 62, § 1 (D. *de evict.*) *: Una de evictione obligatio est, omnibusque (heredibus) denunciari et omnes defendere debent; si de industriâ non venerint in judicium, unus tamen ex his liti substitit, propter denunciationis vigorem et predictam absentiam, omnibus vincit aut vincitur recte que cum cœteris agam quod evictionis nomine victi sint.* Ce texte indique que c'est seulement parce que tous les héritiers ont été mis en cause qu'il y a, à leur égard, chose jugée; d'où la conséquence qu'elle ne se produirait pas dans le cas contraire, et qu'il n'y a point, dès lors, indivisibilité de l'obligation, comme nous l'avons déjà indiqué plus haut. Ce même texte déclare que les héritiers assignés doivent tous comparaître, mais il ne précise nullement quel sera leur rôle et dans quelle mesure ils seront tenus; ce dernier point est indiqué par un fragment de Paul, dont nous avons déjà parlé, la loi 85, § 5. (D. *de verb. oblig.*). Comme la loi 62, la loi 85 commence par établir que la dénonciation doit être faite à tous, que tous doivent comparaître, et ajoute : *sed unicuique pro parte hereditariâ præstatio injungitur.* Les deux textes se complètent donc l'un par l'autre; le premier, dans son ensemble, et le second, dans sa première disposition, établissent la nécessité d'une mise en cause générale ; le dernier, décide en terminant, que la garantie se divise. En effet, le mot *præstatio* ne vise pas exclusivement, comme on pourrait le prétendre, les dommages-intérêts dus au cas d'éviction, puisque l'on suppose les héritiers assignés avant qu'elle se soit produite : *omnes defendere debent. Præstatio* est, par suite et par la force même des choses, un terme générique qui se réfère à l'obligation de garantie tout entière, à la défense comme aux dommages-intérêts.

Un troisième texte, la loi 139 (D. *de verb. oblig.* XLV, I) donne les mêmes solutions que les textes précités; mais il contient une phrase délicate et qui pourrait, jusqu'à un certain point, étayer la théorie de l'indivisibilité :

in solidum defendenda est venditio cujus indivisa natura est. Se basant sur
ces termes, sur l'expression : *in solidum denunciandi sunt* de la loi 85 précitée et sur cette autre expression de la loi 139 : *quolibet defugiente, omnes
defugisse videntur,* quelques interprètes anciens avaient conclu que toutes
les parties, ensemble et collectivement, étaient tenues de la garantie; qu'un
seul ne pouvait défendre, et que par suite, si un seul se dérobait, ils étaient
tous censés agir de même. Comment allier cette solution avec la décision
de la loi 62 précitée disant : *unus omnibus vincit aut vincitur rectèque cum
cæteris agam quod evictionis nomine victi sint!* Dumoulin, qui traite cette
opinion de fantaisiste, donne à son tour l'explication suivante. La loi 139
voudrait dire qu'un débiteur ne pourrait défendre seul, s'il ne défendait que
pour sa part; mais qu'il le pourrait en défendant pour le tout, conformément à la loi 62. Cette explication est fort ingénieuse et rend parfaitement
compte des expressions de la loi 139, car, lorsque l'un des débiteurs con-
sent à défendre pour le tout, par le fait on peut considérer tous les autres
comme présents. Si on ne veut l'admettre, la loi 139, refusant à un débiteur
de défendre même pour le tout, si tous ne sont pas présents, est en oppo-
sition formelle avec la loi 62 déclarant que *si (omnes) non venerint in judicium, unus tamen liti substitit, omnibus vincit aut vincitur.* Mais pourquoi,
l'un des débiteurs est-il obligé de défendre pour le tout dans le cas de la
loi 139? Est-ce parce que l'action en garantie est indivisible comme le prétend Dumoulin? Evidemment non, et les termes mêmes de la loi indiquent
qu'il n'en saurait être ainsi. *In solidum defendenda est venditio cujus natura
indivisa est,* y est-il dit. Ce n'est pas la garantie que la loi qualifie d'*indivisa,* remarquons-le bien, mais la vente elle-même : *venditio.* Or, à propos
de quoi peut-on dire qu'une vente est indivisible, si ce n'est à raison de
l'objet auquel elle se rapporte? Différemment, l'expression n'aurait aucun
sens! Il s'agissait donc, dans l'espèce prévue par la loi 139, d'une chose
indivisible *naturá,* et on comprend, dès lors, qu'un seul ne pût défendre
pour partie, mais que, défendant pour le tout, il eût qualité pour représen-
ter les autres, et les faire ainsi considérer comme présents. La nature
même des choses s'opposait à la défense pour partie, et la loi 139 exigeait
la présence de tous les intéressés et leur défense collective, parce que l'un
d'eux devait élever la prétention de ne défendre que pour partie, conformément à la règle générale, prétention à laquelle le jurisconsulte s'opposait
en disant : *quolibet defugiente, cæteris subsistere nihil prodest.* Cette loi ne
fournit donc aucun argument à la théorie de l'indivisibilité, car ses termes
indiquent qu'elle était faite pour un cas spécial, l'hypothèse où la chose
était indivisible.

Ainsi expliqués, les textes cadrent parfaitement avec les principes que
nous avons énoncés plus haut. La loi 62 prévoit la règle générale, le cas
où la chose est divisible; l'appel en cause doit être collectif, afin de faire
produire l'autorité de la chose jugée à l'égard de tous; mais l'obligation de
garantie, qui a été demandée d'une façon collective, se divise dans l'exécution : *præstatio pro parte hereditariá injungitur..... partis solutio adfert libe-*

— 9 —

rationem. La loi 139 est relative au cas où la chose est indivisible ; à raison
de cette indivisibilité, la défense, comme la mise en cause elle-même, doit
se produire pour le tout. Cependant le texte porte aussi : *unicuique pro parte
hereditariâ præstatio incumbit*. On pourrait en induire, d'après le sens général que nous avons donné plus haut au mot *præstatio*, que toute l'obligation de garantie serait divisible dans l'espèce. Mais le texte répugne à cette
interprétation puisqu'il défend à un seul des débiteurs de défendre, au moins
pour partie. Il faut remarquer que la loi 139 est spécialement afférente à la
stipulation *duplæ*, comme l'indiquent les mots par lesquels elle débute :
cum ex causa duplæ aliquid intendimus. C'est ce qui explique qu'ici, dans
la pensée du jurisconsulte, le mot *præstatio* se référait à l'objet principal
de la stipulation, c'est-à-dire, à une somme d'argent toujours divisible, même
quand elle remplaçait une chose indivisible, comme dans l'espèce, alors
que, dans les autres textes, en l'absence de cette stipulation le mot *præstatio* était général et comprenait tous les chefs de la dette de garantie[1].

Si l'on n'admet point l'argumentation que nous venons de produire,
comment concilier le contraire avec la constitution 14 précitée (code *de rei.
vind.*), qui déclare l'exception divisible ? Nous avons établi plus haut que,
l'exception, étant le corollaire de l'action, devait avoir la même mesure ; si
l'une est divisible, comment l'autre ne le serait-elle pas ? Et ce raisonnement se justifie pleinement, du reste, si l'on réfléchit à la différence des
situations. Quand il s'agit de l'action, c'est celui qui a droit à la garantie
qui agit ; on peut donc lui tracer la manière d'agir et l'obliger à mettre
tous ses garants en cause, afin de leur rendre la chose jugée commune ;
aussi les textes disent-ils *una est obligatio*, en faisant allusion à la nécessité
de la demande *in solidum*. Au contraire, dans le cas de l'exception, c'est
contre l'acquéreur que l'on agit. Ce dernier, n'ayant donc à repousser que
la prétention d'un seul, il ne peut plus être question de *denunciatio in solidum ;* aussi la règle de la divisibilité reprend-elle complètement son empire tant dans la demande que dans l'exécution ; *pro quâ portione ad eum
hereditas pervenerit uti non prohiberis*, dit la constitution 14 précitée.

Il reste, enfin, à expliquer la nécessité de cette dénonciation *in solidum*
exigée par tous les textes et qui a pu, quoique bien à tort, faire concevoir
aux interprètes l'idée d'indivisibilité.

M. Eyssautier[2] l'explique ainsi. Les divers textes précités se réfèrent, notamment la loi 139, à la *stipulatio duplæ*. Or, cette stipulation jouait ici le
rôle d'une clause pénale, qui, au début, avait pour effet de rendre indivisible l'obligation à laquelle on l'adjoignait. Peu à peu le droit prétorien
modifia cette rigueur en enlevant à la clause pénale cet effet produit par
elle, et la *denunciatio in solidum* ne serait qu'un dernier vestige de ce caractère primitif de la *stipulatio duplæ* considérée comme clause pénale.

---

1. M. Accarias (*précis*, II, 447, note 4) généralise à toutes les hypothèses le sens du
mot *præstatio* tel que nous le comprenons, dans la loi 62, d'où il conclut que la défense
était indivisible et l'obligation d'indemniser divisible.

2. Eyssautier, *Revue critique de législation*, 1857, II, p. 318 et suivantes.

Pour que ce raisonnement soit juste, il faut commencer par admettre que la clause pénale rendait indivisible l'obligation à laquelle elle s'attachait, question, comme on le sait des plus controversées [1]. En admettant cela, il faudrait, en outre, démontrer, ce que ne justifie aucun texte, que la *stipulatio duplæ* jouait absolument le rôle d'une clause pénale. Il faudrait enfin, être sûr que tous les textes qui ont figuré dans la discussion ont trait à la *stipulatio duplæ*, ce qui est fort contestable, excepté pour la loi 169. Encore même, pourrait-on dire que, puisque cette loi mentionne expressément qu'elle se réfère à cette stipulation, les autres textes, qui ne précisent point, doivent se référer à l'action générale, à l'action *empti*. En présence de ces diverses conjectures, plus ou moins incertaines, il nous paraît qu'on doit expliquer différemment la nécessité de la *denunciatio in solidum*.

L'obligation de garantie se réfère, avons-nous dit, à deux chefs principaux : la défense et les dommages-intérêts en cas d'éviction. L'un et l'autre sont également divisibles; mais, comme ils comportent un débat séparé, les jurisconsultes romains voulaient que le premier, la défense, fût demandée à tous, afin que l'acquéreur n'eût pas besoin de faire ensuite un procès à chaque cohéritier pour lui demander des dommages-intérêts, une fois l'éviction consommée. Chacun des défendeurs pouvait pour partie, prendre le fait et cause de l'acquéreur, mais, en vertu de la force de la *denunciatio in solidum*, en présence de ce fait qu'il y avait mauvaise foi à ne pas comparaître : *denunciationis vigor..... prædicta absentia..... si de industria non venerint*, il les représentait tous : *omnibus vincitur* et, dès lors, l'autorité de la chose jugée étant produite à l'égard de tous; on pouvait, sans aucune autre procédure, demander à chacun sa part de dommages-intérêts : *recte cum cæteris agam quod evictionis nomine victi sunt*. Les Romains avaient ainsi introduit une procédure analogue à celle qui est représentée, de nos jours, par les *jugements de défaut profit joint*, qui rendent la sentence commune à tous les défendeurs, sans qu'on ait jamais songé à voir là une question d'indivisibilité.

L'action et l'exception de garantie étaient donc divisibles en droit romain, en tenant compte, toutefois, des effets spéciaux produits par la nécessité de la *denunciatio in solidum*; mais on a vu que ce caractère de divisibilité avait été méconnu par Pothier et Dumoulin, qui déclaraient l'action indivisible [2] et l'exception divisible. Cette opinion était généralement admise dans notre ancien droit. Elle était partagée par d'Argentré [3] et Fachinée [4], qui donne le résumé complet des opinions sur cette question. Cependant des divergences s'étaient produites. Nous allons nous borner à les indiquer sans entrer dans leur discussion, parce que les divers systèmes qui en sont

1. M. ACCARIAS (*précis*, II, p. 301) est d'avis que la clause pénale ne rendait pas indivisible l'obligation à laquelle on l'adjoignait. Nous renvoyons sur ce point à la discussion du savant auteur, dont nous partageons pleinement l'avis.

2. C'est de ce point seul que se préoccupe Cujas; il admet l'indivisibilité de l'action. (Édition de 1874, 7, c. 643).

3. *Bretagne*, art. 419.

4. *Controvers. juris.*, lib. X, ch. 45.

résultés ont été repris sous l'empire du code civil, où leur examen se trouvera plus naturellement placé.

Despeisses[1], Lebrun[2] et Voët[3] se prononçaient pour la divisibilité de l'exception sans se préoccuper de la nature de l'action. Espiard, annotateur de Lebrun, Maynard[4] et Catelan[5] admettaient la divisibilité de l'exception, mais à charge par l'héritier de payer une partie des dommages-intérêts. Henrys[6], au contraire, se prononçait également pour la divisibilité de cette exception; seulement il accordait à l'héritier le droit d'agir pour le tout, d'évincer l'acquéreur en totalité, sauf à payer sa part des dommages-intérêts. La divisibilité avait eu, elle aussi, ses défenseurs. Cochin[7] déclarait l'action divisible et l'exception indivisible. Enfin, la divisibilité totale était admise par Alciat[8]; et Socin[9], tout en combattant l'opinion de ce dernier, affirme qu'elle avait été consacrée deux fois par l'autorité judiciaire de son époque.

Quoi qu'il en soit de ces opinions diverses, dont nous apprécierons plus tard, comme nous venons de le dire, la valeur respective, Dumoulin indiquait qu'en pratique il était bien plus avantageux de mettre toutes les parties en cause, car les dommages-intérêts, qui se divisaient en tout cas, étaient ainsi, de droit, repartis entre tous, et le cohéritier assigné était lui-même intéressé à cette mise en cause commune, afin de ne pas être obligé de supporter seul tous les dépens[10]. Cette mise en cause générale, qui était devenue à peu près de style, sans cependant avoir jamais été obligatoire comme en droit romain, était probablement un dernier vestige de la *denunciatio in solidum.*

Sous l'empire du code civil, la question qui nous occupe n'est résolue par aucun texte; aussi la controverse a-t-elle repris avec une force nouvelle.

Posons d'abord en principe que, du silence même gardé par les rédacteurs du code qui ne pouvaient ignorer quelles interminables discussions s'étaient élevées sur la nature de la garantie, il faut induire que ceux-ci ont considéré la question comme résolue par les principes généraux et par ceux qui régissent spécialement l'obligation de garantie. C'est donc surtout de ces principes combinés que nous nous inspirerons dans la discussion à laquelle nous allons nous livrer.

L'opinion de Dumoulin et de Pothier a été naturellement reprise, de nos jours, avec cette autorité incontestable qui s'attache aux écrits de ceux qui

1. *Questions notables*, lib. I, quest. 9.
2. *Successions*, lib. IV, ch. 2, sect. 4, n° 27.
3. *Ad. pandectas, de rei vindic*, n° 16.
4. Lib. IV, ch. 27.
5. Lib. V, ch. 47.
6. Lib. IV, chap. 6, *quæst.* 31.
7. *Consultatio.*, XL, VI.
8. Sur la loi 4, § *cato*..... 1 (Dig. *de verb. obligat.*, XLV, I).
9. Sur la même loi 4, § *si is qui*..... 2 (Dig. *ibid.*).
10. *Div. et indivis.*, n° 473 (pars II).

ont servi de guides et de modèles aux rédacteurs du code civil. Elle a été acceptée par les noms les plus illustres de la doctrine[1] et la jurisprudence lui a, jusqu'à un certain point, comme on le verra, fourni l'appui de ses décisions.

Ses partisans soutiennent aujourd'hui, comme on soutenait autrefois, que l'action est indivisible, parce qu'on ne saurait scinder la défense, car on ne comprendrait pas que l'on fît valoir un argument pour partie; qu'il serait, d'autre part, contraire à la nature du contrat aussi bien qu'à l'intention des parties contractantes que l'un des défendeurs pût se libérer en faisant conserver seulement une partie de la chose à l'acquéreur, alors que celui-ci n'a acquis que pour l'avoir tout entière. Le raisonnement sur lequel on appuie la divisibilité de l'exception est encore emprunté à Dumoulin et à Pothier; et M. Troplong, l'un des auteurs modernes qui adopte ce système, ne fait que reproduire, à cet égard, les arguments donnés par Pothier. Voici ces arguments qui sont au nombre de trois et que nous donnons à notre tour d'après M. Troplong lui-même[2].

« 1° L'obligation de livrer une chose divisible étant elle-même divisible, les héritiers du vendeur, morts avant la tradition, ne doivent être tenus, eu égard à cette tradition, que pour leur part et portion. Or, parce que le vendeur aura livré, ils ne peuvent subir une condition pire, et être tenus plus rigoureusement par l'exception que par l'action. »

« 2° L'obligation de défendre est bien indivisible, mais elle n'est point *si précise et si absolue* que chaque héritier ne puisse s'en décharger en offrant sa part du prix et des dommages-intérêts. *A fortiori* est-il déchargé, quand il a satisfait, pour sa part et portion, à l'obligation de faire jouir, divisible quand la chose vendue l'est aussi. »

« 3° L'obligation de défendre étant subordonnée à celle de faire jouir, l'héritier, qui a rempli cette dernière obligation pour la part qui le concerne, n'a plus à défendre l'acquéreur; il est libéré et peut revendiquer la chose vendue pour la portion dont il n'est pas héritier. »

Les auteurs, qui ont repris, sous l'empire du code, la théorie de l'indivisibilité absolue[3], repoussent de la manière suivante, l'opinion de Pothier et de Dumoulin sur la nature de l'exception de garantie.

Le premier et dernier argument, disent-ils, n'apportent aucun appui au système qui les invoque; quant au second il lui est plutôt nuisible qu'utile, parce qu'il laisse percer des doutes sur l'indivisibilité de l'action. Le premier argument ne porte point, car, pour que la question de garantie se pose, il faut supposer que la tradition a eu lieu, puisqu'on ne saurait avoir à garan-

---

1. TROPLONG, *Vente*, I, nos 434, 438, 457; — ROLLAND DE VILARGUES, *Répertoire du notariat*, vo *Garantie*, nos 16 et suivants; — LAROMBIÈRE, sur les articles 1222 et 1223.

2. TROPLONG, no 457.

3. AUBRY et RAU, *Droit civil*, t. IV, § 355, notes 7, 8, 12; — MARCADÉ, sur les articles 1226 et suiv., § *ultimo*; — DUVERGIER, I, 355; — DELVINCOURT, III, p. 144; — DEMANTE et COLMET DE SANTERRE, VII, p. 86, 61 *bis*, nos VI et VII; — LAURENT, t. 24, nos 213 et suiv.; — MASSÉ et VERGÉ sur Zachariæ, p. 292, note 2.

tir ce qu'on n'a point délivré. Il ne faut donc pas conclure de la divisibilité de la délivrance à celle de la garantie, leur raison d'être se trouvant complètement différente. Le même motif doit faire repousser le troisième argument, qui conclut de la divisibilité de l'obligation de faire jouir à la divisibilité de la garantie. Ici encore, il faudrait auparavant prouver que la nature des deux obligations est similaire[1].

Quant au second argument il n'est guère compréhensible, et ceux qui le donnent auraient eux-mêmes de la peine à l'expliquer clairement.

Pourquoi l'obligation de garantie est-elle peu précise et quel texte l'indique? On ne saurait, du reste, comprendre une obligation qui, par sa nature, ne serait pas précise; tout au plus, pourrait-on attribuer ce caractère aux obligations alternatives, dans lesquelles la prestation à effectuer peut être considérée comme incertaine (art. 1189 et suiv. c. civ.) Mais on sait qu'avant l'éviction l'obligation de garantie ne peut avoir trait qu'à la défense; elle est, par suite, parfaitement précise. Cet argument n'a donc pas plus de valeur que les autres; bien mieux, il se retourne contre ceux qui l'invoquent en démontrant qu'à leurs yeux l'action en garantie elle-même n'a pas une indivisibilité bien authentique[2]. Enfin, il pourrait induire en erreur en laissant croire que le vendeur est libre, à son gré, de transformer avant l'éviction, l'obligation de défendre en dommages-intérêts. Or, c'est surtout à ce point de vue qu'il importe d'affirmer que l'obligation de garantie a un caractère fixe et précis, et que c'est seulement après l'éviction qu'il peut être question de dommages-intérêts.

La réfutation du second argument nous paraît concluante et nous croyons, en effet, qu'il implique chez ceux qui le produisent une conviction peu arrêtée sur l'indivisibilité de l'action elle-même; mais nous ne saurions admettre l'objection que l'on fait contre le premier et le dernier. En effet, la garantie n'étant, comme nous l'avons déjà démontré, que la mise à exécution de l'obligation de faire jouir et la continuation de l'obligation de délivrance, doit participer de la même nature qu'elles, et être divisible quand elles le sont elles-mêmes. Mais, à notre avis, ce qui doit faire repousser ces deux arguments c'est que, étant donné, comme l'admettent avec raison Pothier et Dumoulin, que la nature des obligations de faire jouir et de livrer doit ainsi influer sur celle de la garantie, c'est arbitrairement qu'ils limitent cette influence au cas de l'exception, ce qui est vrai pour cette dernière l'étant également pour l'action, comme on l'a vu en droit romain et comme on le verra encore sous le code civil.

La célèbre théorie de Dumoulin et de Pothier, à laquelle, remarquons-le, aucun argument nouveau n'a été ajouté par les auteurs modernes, ne supporte donc pas une critique sérieuse, au moins quand elle essaye de prouver la divisibilité de l'exception après avoir établi l'indivisibilité de l'action. Aussi pensons-nous que Dumoulin et Pothier auraient penché vers l'indivisibilité totale s'ils ne s'étaient heurtés au texte de la const. 14 (de

---

1. *Sic* Demante et Colmet de Santerre, *loco citato.*
2. Rodière, *Solidarité et indivisibilité*, n° 432.

rei vindicatione, code) déclarant formellement l'exception divisible. Ils imaginèrent alors, pour justifier cette décision, des arguments qu'ils n'auraient peut-être point énoncés *à priori*, arguments qui furent reproduits par les anciens auteurs et qu'ont, à leur tour, acceptés quelques auteurs modernes, sans réfléchir que, de nos jours, où la constitution 14 n'existe plus, les règles de la logique doivent reprendre leur empire. Le système de l'indivisibilité totale est donc le seul qui mérite d'être sérieusement discuté, car toutes les raisons que l'on a données pour prouver l'indivisibilité de l'action, militent avec une force égale en faveur de l'indivisibilité de l'exception. Nous dirons même qu'à nôtre avis l'un ·des motifs allégués nous paraît avoir plus de force appliqué à l'exception, ainsi qu'on le verra plus tard.

Et d'abord, il est certain que le raisonnement est le même dans les deux cas. Si l'on ne comprend pas qu'une défense puisse être scindée par celui qui la doit fournir lorsqu'il s'agit de l'action, on ne comprendrait pas davantage qu'elle puisse l'être lorsqu'il s'agit de l'opposer à celui qui eût été tenu de la fournir le cas échéant. Un argument ne se scinde pas plus dans un cas que dans l'autre. D'autre part, si l'on peut dire, relativement à l'action, que l'acquéreur n'a point entendu supporter le morcellement de la chose, n'est-on pas plus fondé à l'affirmer eu égard à l'exception que l'on oppose au vendeur ou à ses ayants cause, c'est-à-dire, à ceux qui sont le plus strictement tenus de la garantie, qui est alors celle du fait personnel, et le plus obligé à respecter un contrat auquel ils ont été parties ! Du reste, comment les parties accepteraient-elles le morcellement de la chose, quand il s'agit de l'exception, et le repousseraient-elles, quand il s'agit de l'action? Est-ce qu'en contractant elles ont pu avoir ainsi une intention différente suivant que la garantie serait plus tard ramenée à effet sous l'une ou l'autre de ses faces? Ne doit-on pas, sous peine de contradiction formelle, leur supposer une intention unique et indépendante des événements ultérieurs, qui pourront se produire? Il est d'un autre côté, impossible d'admettre que ces événements puissent changer la nature de l'obligation !

Concluons donc qu'il est peu logique de soutenir l'indivisibilité de l'action et de nier celle de l'exception, et qu'il faut dès lors les déclarer l'une et l'autre ou divisibles ou indivisibles.

Nous avons démontré que le droit romain avait admis la divisibilité absolue, sauf l'effet spécial de la dénonciation *in solidum ;* nous allons voir qu'il faut également l'adopter sous l'empire du code civil, parce qu'elle est conforme, à la fois, aux principes généraux qui régissent les obligations et à la nature particulière de la garantie, ce dont il faut tenir compte ici surtout, comme nous l'avons indiqué plus haut.

D'après l'article 1217 (code civ.) l'obligation est divisible ou indivisible suivant qu'elle a pour objet ou une chose qui dans sa livraison, ou un fait qui dans son exécution, est ou n'est pas susceptible de division soit matérielle soit intellectuelle. L'article 1218 (même code) ajoute que l'obligation est indivisible, quoique la chose ou le fait qui en est l'objet soit divisible par sa nature, si le rapport sous lequel elle est considérée dans l'obligation ne la rend pas susceptible d'exécution partielle. De ces deux textes se déduisent naturellement deux sortes d'indivisibilités qui ont été admises de tout temps par les interprètes : *l'indivisibilité naturelle* et *l'indivisibilité convention-nelle*. A ces deux indivisibilités on a voulu en ajouter une troisième que l'on a appelée *indivisibilité solutione*, laquelle résulterait d'une obligation qui, n'étant indivisible ni par sa nature, ni par l'intention des contractants, devrait cependant, et d'après cette intention même, être exécutée d'une fa-çon indivisible (art 1221, 5° c. civ.).

Il y a là, à notre avis, une méprise; l'indivisibilité que l'on appelle *indi-visibilité solutione* existe bien et elle est formellement consacrée par l'ar-ticle 1221, 5° c. civ., mais elle ne constitue point une indivisibilité particulière et distincte; elle n'est qu'une branche de l'indivisibilité conventionnelle, puisque c'est l'intention des parties qui la crée, mais en restreignant la sphère dans laquelle elle s'exerce. Au lieu d'être indivisible à la fois *peti-tione et solutione*, l'obligation ne l'est plus que *solutione*. Dans les deux cas, il y a bien indivisibilité conventionnelle; seulement l'effet en est plus ou moins étendu [1].

Il n'y a donc que deux sortes d'indivisibilités : *l'indivisibilité naturelle* et *l'indivisibilité conventionnelle;* examinons si l'obligation de garantie peut rentrer dans le cadre de l'une ou de l'autre. Elle rentrera dans le cadre de l'indivisibilité naturelle, si l'on admet que la défense est indivisible comme fait, dans le cadre de l'indivisibilité conventionnelle, si l'on est d'avis que le morcellement de la chose vendue serait contraire à l'intention des parties contractantes. En ce qui concerne l'indivisibilité de la défense, M. Valette s'exprimait ainsi : « Je n'ai jamais cru à cette indivisibilité; en droit pur c'est une illusion [2]. » Et en effet, dire qu'on ne peut défendre pour partie, c'est là une subtilité pure, un véritable jeu de mot. Si par exemple, dans un procès en revendication intenté par un tiers, je parviens à faire mainte-nir mon acquéreur en possession pour la moitié, le quart, le tiers, en prou-vant par exemple que mon auteur avait usucapé cette moitié, ce quart, ce tiers, est-ce que je ne défends pas pour partie dans cette hypothèse? On dit qu'un argument est indivisible et qu'en le faisant valoir, par la force même des choses, on le fait valoir pour le tout ou pour rien. Sans doute, nul ne le conteste; qui a jamais songé à scinder un argument? Mais

---

1. Conf. avec cette théorie les paroles de M. Rodière en son traité de la *Solidarité et de l'indivisibilité*, p. 270 : « *l'indivisibilité intentionnelle* a lieu toutes les fois que l'obli-gation est divisible de sa nature, mais que la loi ou les contractants veulent pourtant en empêcher la division et assurer son exécution intégrante .... « L'intention des contractants résulte souvent de l'objet prochain et immédiat de l'obligation ; d'autre fois elle ne résulte *que de son objet éloigné!* » Voilà bien tracé tout le cadre de l'indivisibilité intentionnelle dans laquelle rentre pleinement l'indivi-sibilité *solutione*. D'où cette conséquence qu'il n'y a que deux indivisibilités, ainsi que nous l'avons démontré au texte.

2. M. Valette à son cours (mars 1870). Nous tenons les notes prises à ce cours de la bienveillante communication de l'un de nos maîtres, M. Paget, professeur agrégé à la faculté de Toulouse.

ce n'est point de l'argument pris isolément qu'il s'agit; c'est de la défense qui est éminemment divisible, parce qu'on peut appliquer l'argument tout entier au maintien en possession de la part pour laquelle on défend. Il pourra bien arriver que, en défendant pour partie, on défendra quelquefois, par là même, pour le tout, parce que les arguments que l'on fournira dans le but de défendre pour partie, un titre, un aveu, une preuve quelconque, seront en général, aussi bons pour le tout que pour la partie, ne vaudront même souvent que pour le tout ou pour rien[1]; mais ce qu'il importe d'établir pour renverser la théorie de l'indivisibilité du fait, et ce que nous venons de démontrer, c'est la possibilité de la défense partielle!

Supposons, du reste, que les parties, ainsi qu'il leur est permis par l'article 1627 du code civil, aient restreint l'obligation de garantie à la moitié, au tiers ou au quart de l'objet, est-ce que nous n'aurons pas, dans ce cas et par la force même des choses, une défense partielle?

Un fait n'est indivisible que lorsque tout se concentre en lui, par exemple un acte de violence; mais ici, il n'en est pas de même; ce n'est point dans le fait de la défense que tout se résume; bien au contraire, il n'est que l'accessoire; le principal c'est l'obligation de faire jouir, qu'il sert à sanctionner, obligation essentiellement divisible quand elle a trait à des choses qui le sont elles-mêmes. Un exemple fourni par M. Valette et rapporté par M. Rodière[2] va mettre pleinement en lumière ces nuances délicates, qui ont induit en erreur les partisans de l'indivisibilité. Deux nations contractent entre elles un traité d'alliance jusqu'à concurrence d'un subside déterminé. Une guerre s'engage et le subside est fourni. Que fait la nation qui le donne, sinon défendre pour partie en contribuant, pour sa part, à repousser l'attaque des ennemis? Un procès survient, l'un des garants repousse l'attaque pour la moitié, le tiers, le quart, selon le cas, et il remplit ainsi pleinement et de la même manière l'obligation qui lui incombe.

Quel singulier effet se produirait, du reste, si l'on admettait le système que nous combattons! Supposons prouvé qu'il y a dans le fait de la défense, une indivisibilité qui s'impose, parce qu'on ne peut concevoir une défense divisée, parce que : *defensio pro parte ridicula...* au dire de Cujas[3]. Les parties ne pourront, dès lors, y déroger, comme nous le supposions tout à l'heure, en nous basant sur le texte formel de l'article 1627, car la convention est impuissante à changer la nature même des choses. Les tribunaux ne pourraient sanctionner leur accord sur ce point et devraient rejeter une défense qui ne se produirait pas pour le tout. Que devient alors l'article 1627?

1. M. Rodière, partisan comme nous de la divisibilité absolue, prétend que la bonne foi oblige, en ce cas, le covendeur ou le cohéritier à défendre pour le tout. Ce n'est point en vertu de la bonne foi, qui n'a rien à faire ici, étant donné que le covendeur ou le cohéritier ne sont tenus que pour partie, que ce résultat se produit, mais en vertu de l'impossibilité matérielle qu'il en soit autrement à raison de l'indivisibilité de l'argument.

2. Valette et Rodière, *locis citatis.*

3. Cujas, t. VII de l'édition de 1874, c. 643. — Dumoulin se sert d'expressions aussi violentes. — Conf. *div.* et *indiv.* n⁰ˢ 415, 416, 442, 410, 462, etc.

La garantie n'est donc point indivisible par nature, que l'on l'envisage sous la forme de l'action ou sous la forme de l'exception, car, nous l'avons dit et démontré, la logique impose la même solution pour les deux cas.

Pourrait-on la faire rentrer dans le cadre de l'indivisibilité conventionnelle ? C'est ici que l'argumentation des adversaires devient plus pressante. Nous venons d'établir qu'il ne faut pas s'attacher au fait en lui-même, mais à l'objet qu'il cherche à atteindre ; or, disent-ils, c'est précisément pour ce motif qu'il entre dans l'intention des parties de créer l'indivisibilité conventionnelle de la garantie, le morcellement de la chose étant contraire à leur commune volonté. Cet argument est le seul sérieux dans le système opposé, car l'indivisibilité du fait préoccupait peu Dumoulin et Pothier, puisque le premier, après avoir dit et répété : *factum dividi non potest*, en arrivait, vaincu par l'évidence, à s'exprimer ainsi : *fateor fieri posse ut quis pro parte defendat et pro parte non*[1].

Il est certain que, dans une vente où ne figurent qu'un acheteur et un vendeur uniques, ce dernier s'engage à livrer et à garantir la totalité de l'objet vendu, en vertu de cette règle que l'obligation divisible s'exécute, entre un seul débiteur et un seul créancier, comme si elle était indivisible. Mais lorsque l'on se trouve en présence de plusieurs vendeurs ou des héritiers du vendeur primitif, on ne saurait prétendre que l'obligation de garantie ne se divise point, puisque, dans cette hypothèse, il faut appliquer une seconde règle non moins juste et naturelle que la première, et qui veut que les obligations se divisent de plein droit entre les contractants ou leurs héritiers, s'il n'y a eu convention contraire ; or, nous supposons ici que cette convention n'est point intervenue.

Cela est certain quand il y a plus d'un vendeur, car le fait que l'on achète de plusieurs, implique que l'on entend tenir ses droits de tous et non d'un seul, comme on l'a déjà vu en droit romain. Quand il y a plusieurs héritiers, nous nous trouvons en présence de textes formels, ceux des articles 870 et 873 code civil, qui décident que les obligations se divisent de plein droit entre les cohéritiers. L'acquéreur a dû prévoir cette division normale de l'obligation, résultant de la mort de son débiteur, et prendre ses mesures en conséquence, s'il a voulu l'éviter. Du reste, l'obligation de garantie n'est que la suite de l'obligation de livrer ; et la délivrance continuée doit être aussi divisible qu'au moment où elle s'effectue, car c'est toujours la même obligation, mais à une autre époque, voilà tout ; or le temps ne saurait changer la nature d'une obligation. L'indivisibilité ne peut donc s'induire de l'intention des parties, pas plus pour l'action que pour l'exception, laquelle, comme nous l'avons surabondamment démontré, doit suivre les mêmes règles que l'action.

Limitons, toutefois, cette dernière proposition à sa véritable portée. Nous avons vu qu'en droit romain l'un des vendeurs, qui aurait prétendu évincer son acquéreur pour partie, aurait été repoussé en totalité par

1. Dumoulin, *dividuum* et *individuum*, pars II, n° 412.

l'exception, non point parce que cette exception était indivisible, mais
à raison de ce principe que la bonne foi ne pouvait permettre à celui qui
avait été partie dans un contrat de le rompre même pour partie. La même
règle s'impose pour les mêmes motifs, en droit français. Comme en droit
romain, le vendeur ne peut être admis à revendiquer la chose vendue,
même pour partie, à raison de la bonne foi qui doit, aux termes de l'article 1134, § 3, (code civ.), présider à toutes les conventions et qui s'opposerait
à lui, s'il prétendait critiquer, plus tard, l'acte auquel il a donné un consentement libre et réfléchi[1].

Mais la situation n'est plus la même, lorsque celui que l'un veut repousser en totalité, par l'exception, n'est plus un contractant, un covendeur,
mais l'héritier de celui qui a consenti la vente. L'objection qui s'opposait au
covendeur n'est point admissible à son égard; il n'a point contracté et, dès
lors, il peut, sans mauvaise foi aucune, critiquer le contrat auquel il n'a
point été partie. Cette intervention personnelle du vendeur, qui le constitue
de mauvaise foi, ne s'oppose point à l'acte de son héritier. Dès lors, tenu
seulement pour partie de l'action de garantie aux termes des articles 870
et 873 code civ., il ne saurait se voir arrêté par l'exception, dans une
autre mesure, puis qu'il n'y a point de raison pour déroger, à son égard,
à la règle générale qui attribue à l'exception le même effet qu'à l'action.

Ainsi, la garantie n'étant indivisible ni par nature ni intentionnellement,
le juge doit présumer la divisibilité, qui est la règle[2], à moins bien entendu
qu'il ne s'agisse de la garantie relative à une chose naturellement indivisible, notamment à une servitude de passage, dans lequel cas l'obligation de
livrer étant indivisible, celle de garantie doit nécessairement avoir le même
caractère. D'autre part, s'il apparaissait, des termes du contrat, que les
parties ont voulu créer une indivisibilité conventionnelle, il faudrait alors,
conformément à leur volonté, appliquer à la garantie les règles de l'indivisibilité.

Enfin, si les parties avaient stipulé la solidarité dans le contrat, la garantie pourrait être exigée de chacun de garants pour le tout, tant en ce qui
concerne la défense qu'en ce qui a trait aux dommages-intérêts, sans que,
pour cela, les autres effets de l'indivisibilité fussent produits (1219 c. civ.).
Ici, en effet, la totalité de la garantie serait due à raison du titre consti-
tutif de la solidarité, tandis que, dans l'obligation indivisible, il en est
ainsi à cause de l'impossibilité où l'on se trouve d'accomplir partiellement
la prestation imposée[3]. Comme on le sait, la solidarité ne se présume point
(1202 c. civ.) et la jurisprudence décide, avec la plus grande rigueur, que

---

1. Conf. GAUTHIER (*Journal du Palais*, 1860, 459 aux notes). Cet auteur est, comme
nous, partisan de l'indivisibilité totale, tout en admettant la restriction proposée au
texte à l'égard des covendeurs.
2. *Sic* RODIÈRE, *Solidarité et indivisibilité*, n° 432 ; — EYSSAUTIER, *Revue critique*, 1857,
11, p. 498 et suiv. ; — GAUTHIER, *Journal du Palais*, 1860, p. 459 ; — DURANTON, XI, 265
et XVI, 255.
3. Conf. sur ce point AUBRY et RAU, § 301, VII, 1°.

les juges ne doivent l'admettre que lorsqu'elle ressort strictement du contrat et du contrat seul[1].

Le système de l'indivisibilité de la garantie, que nous venons de combattre victorieusement, croyons-nous, produit certaines conséquences dans l'examen desquelles nous allons maintenant entrer et qui suffiraient, d'après nous, à le faire repousser entièrement, si l'on conservait encore quelque doute à cet égard.

Un principe, certain, chez les partisans de l'indivisibilité eux-mêmes, c'est qu'il ne peut être question de celle-ci qu'en ce qui concerne l'obligation de faire jouir, manifestée par la prise du fait et cause, et non en ce qui a trait aux dommages-intérêts.

Ce principe les amène à conclure que l'héritier, qui ne peut ou ne veut défendre pour le tout, doit être condamné seulement à la portion des dommages-intérêts correspondant à ses droits héréditaires. Cette conséquence des plus logiques chez les partisans de la divisibilité amène nos adversaires, qui l'admettent sans distinction et d'une manière absolue, à violer dans une hypothèse qu'ils n'ont point prévue[2], l'indivisibilité de la défense. On sait, en effet, que les dommages-intérêts ne se substituent à l'obligation de défendre que lorsque cette dernière est devenue irréalisable, et que, d'autre part, le créancier d'une obligation de faire peut être autorisé, quand cela est possible, à exécuter lui-même, au lieu et place du débiteur qui se refuse à l'exécution. (Art. 1142 et 1143 c. civ.) Or, il n'est point vrai de dire, d'une manière absolue, que l'obligation de défendre devient irréalisable par cela seul que l'héritier assigné a déclaré ne pouvoir ou ne vouloir défendre, car il doit être permis à l'acquéreur, en présence d'une cause d'éviction certaine et évidente, de conserver l'immeuble en offrant de payer au revendiquant, qui s'en contente, le prix pour lequel il a lui-même acquis et qui représente, en thèse générale, la valeur de la chose au moment de l'éviction. Mais ce prix, faut-il décider qu'il sera fourni en totalité ou en partie seulement par l'héritier qui a été seul mis en cause? Les partisans de l'indivisibilité doivent décider qu'il n'est tenu que pour partie, parce qu'à leur avis (conf. page précédente à la note) il ne s'agit ici que de la dette qui se substitue à l'obligation de faire que l'héritier ne veut ou ne peut remplir et qui ne peut consister qu'en dommages-intérêts, lesquels, disent-ils, sont toujours divisibles. Cependant, le payement de cette somme constitue, à l'égard de l'acquéreur, un véritable moyen de

1. Rennes, 20 août 1811 ; — Colmar, 23 juillet 1811, *J. du Palais* à leur date ; — Agen, 3 décembre 1841, *J. du Palais*, 1842, II, 331.

2. Ce point a été entrevu par MM. AUBRY et RAU (§ 3, note 11). Comprenant qu'on pourra leur opposer l'argument que nous développons dans la suite du texte, ils prennent soin de le réfuter par avance en disant que l'obligation d'indemniser est toujours et quoi qu'il advienne, distincte de l'obligation de défendre et est, comme telle, en tous cas divisible; d'où l'on peut conclure qu'ils admettent la divisibilité dans l'hypothèse prévue par nous. Sans doute l'obligation d'indemniser est bien divisible en tous cas, en tant qu'obligation d'indemniser mais non en tant que représentant l'un des moyens de la défense elle-même comme c'est ici l'espèce, ainsi qu'il apparaîtra de la suite de la discussion.

défense, en lui permettant de retenir ainsi la chose vendue. On ne saurait, d'autre part, l'assimiler à des dommages-intérêts, qui, ainsi que leur nom même l'indique, ne se comprennent, que tout autant qu'ils sont versés aux mains de l'acquéreur, pour le dédommager de l'éviction qu'il subit; or, l'on suppose qu'ils ont ici pour but d'empêcher cette éviction et sont, à cet effet, versés non entre ses mains, mais en celles du revendiquant. L'acquéreur doit donc pouvoir exiger la somme en totalité, en vertu du principe de l'indivisibilité de la défense, surtout si l'on suppose qu'il n'est pas lui-même en état d'en faire l'avance. Ainsi, le principe de l'indivisibilité conduit forcément à cette conséquence que, dans un cas déterminé, l'un des cohéritiers peut être condamné à payer la totalité d'une somme d'argent, qui est pourtant toujours divisible de sa nature, comme le reconnaissent nos adversaires eux-mêmes, et ils ne peuvent s'échapper à cette conséquence qu'en sacrifiant, dans ce cas, l'indivisibilité de la défense [1].

Ce n'est pas tout. On verra qu'aux termes de l'article 1640 c. civ., dont nous avons déjà parlé, le vendeur, qui n'a point été appelé, est libéré de toutes les conséquences de l'éviction, s'il prouve qu'il avait, en mains, des moyens suffisants pour la faire repousser. Cette décision est logique, car, le jugement rendu contre l'acquéreur ayant l'autorité de la chose jugée contre son vendeur, qu'il a représenté dans l'instance, ce dernier ne peut devoir des dommages-intérêts à raison d'une éviction qui procède de la faute de l'acheteur. Supposons, maintenant, qu'un seul des cohéritiers ou des covendeurs a été mis en cause par l'acquéreur; il ne défend point ou ne peut défendre, laisse prononcer l'éviction, et ce jugement qui la consacre acquiert, ensuite, l'autorité de la chose jugée. En vertu des inflexibles règles de l'indivisibilité, ce jugement sera censé avoir été rendu contre tous les autres, qui sont réputés avoir été représentés dans la cause par celui qui a été seul appelé [2]. Par suite, lorsque, plus tard, l'acquéreur les actionnera afin de les faire condamner à payer leur part des dommages-intérêts, ils ne pourront lui opposer l'article 1640, quoique prouvant qu'ils auraient eu des moyens suffisants pour faire repousser l'éviction. Ils seront, donc, tenus de payer des dommages-intérêts, bien qu'ils aient ignoré l'éviction et qu'ils soient restés dans une inaction dont ils ne devraient pas supporter la peine, puis qu'aucune interpellation ne leur a été adressée.

Cette solution viole manifestement le principe de raison, sur lequel est basé l'article 1640, qui part de cette idée que le garant n'est point en faute de ne point défendre, si l'on ne l'en a pas requis. Aussi, est-elle contestée par les partisans de l'indivisibilité, dont elle rend le système inacceptable. S'appuyant sur l'autorité de Pothier et de Dumoulin, ils décident que la

---

1. Aussi quelques arrêts, poussant jusqu'à l'extrême la théorie de l'indivisibilité, sont-ils allés jusqu'à affecter d'indivisibilité la dette des dommages-intérêts elle-même, ainsi qu'on le verra plus loin dans l'examen de la jurisprudence.

2. Tous les auteurs sont d'accord pour décider que l'un des effets de l'indivisibilité est de produire l'autorité de la chose jugée à l'égard des coobligés qui n'ont pas été mis en cause. Conf. POTHIER, *Oblig. sec. de la chose jugée*, n° 59; — TOULLIER, X, n° 206, 207, 208; — LAROMBIÈRE, *Oblig.*, II, sur l'article 1225, 17.

sentence rendue n'est chose jugée qu'à l'égard de ceux qui ont été mis en cause[1]. Mais ils ne réfléchissent point que Pothier et Dumoulin basaient leur décision sur le texte formel des lois romaines, qui statuaient que l'effet de la chose jugée ne se produisait, en matière de garantie, à l'égard de tous, qu'à raison de la *denunciatio in solidum*. De nos jours, ces lois ayant disparu, on ne peut invoquer, en la matière, que les principes généraux de l'indivisibilité, qui veulent, ce qui n'est contesté par personne, que l'autorité de la chose jugée se produise, au cas d'indivisibilité, même à l'égard de ceux qui n'ont pas été mis en cause; et les auteurs, qui contestent cette règle en matière de garantie, la proclament, ailleurs, comme on l'a vu, en thèse générale. Quelle singulière doctrine, que celle qui restreint ainsi, à son caprice, les effets d'une obligation suivant les cas, et qui fait de l'équité aux dépens des principes les plus certains et les plus incontestables ! Le refus d'accepter cette conséquence, qui s'impose à quiconque réfléchit un instant et juge d'une façon impartiale, est un exemple de plus des contradictions dans lesquelles tombe le système qui la repousse.

Le système de la divisibilité absolue produit ce résultat que chaque cohéritier ou covendeur est libéré, quand il a défendu pour sa part, et que, d'un autre côté, chaque cohéritier ne peut être repoussé que pour partie, au moyen de l'exception. Toutefois on a fait le raisonnement suivant : Le cohéritier ne satisfait pas à l'obligation de garantie, même restreinte à sa part héréditaire, lorsqu'il abandonne à l'acheteur ses droits sur la chose vendue, dans la mesure de cette part. En effet, en revendiquant pour le surplus, il aboutit ainsi, à transformer en copropriété, le droit exclusif de l'acquéreur, copropriété qui nécessite évidemment un partage ou une licitation et pourra exposer ce dernier à une dépossession totale, résultat tout à fait contraire aux principes de la garantie[2].

On peut répondre que, sans doute, la copropriété a ses inconvénients, mais que ce n'est point une raison pour la bannir dans telle ou telle hypothèse spéciale; qu'il en est de même de la dépossession résultant de la licitation; qu'en invoquant l'une et en provoquant l'autre, le cohéritier ne fait qu'user d'un droit fort légitime et à l'égard duquel il faut, dès lors, appliquer la maxime : *qui jure suo utitur neminem lædit*. En ce qui le concerne, en effet, l'acquéreur est un tiers pour ce qui excède sa part héréditaire, et il agit contre lui, dans cette limite, comme il agirait contre un étranger. Ce sera à cet acquéreur évincé à appeler en garantie les cohéritiers, seuls responsables pour ce qui excède la part de celui qui l'évince, et à leur demander de l'indemniser en cas d'éviction.

Toujours pour empêcher l'existence de la copropriété, on a proposé de permettre à l'acquéreur d'exiger l'entière valeur de l'objet, s'il ne pouvait l'avoir tout entier, afin qu'il ne fût pas condamné à avoir une part dans les

---

1. Troplong, n° 446; — Duvergier, n° 355; — Marcadé, sur l'art. 1629, VIII, et la généralité des partisans de l'indivisibilité.
2. Aubry et Rau, § 355, note 12.

deux[1]. Cette solution nous paraît encore inadmissible, car elle provoque, en réalité, la résiliation de la vente, dans toute hypothèse, et, cependant, cette résiliation ne peut se produire que dans la mesure réglée par l'article 1636. Cet article suppose donc que, en dehors du cas prévu par lui, l'acquéreur devra se contenter d'une part du prix et d'une part de la chose[2]. Mais il ne faut point, pour éviter l'écueil que nous venons de signaler, tomber, par un excès contraire, dans un autre. D'après certains auteurs, il faudrait permettre à l'héritier d'évincer l'acquéreur en totalité, en lui payant sa part des dommages-intérêts, s'il a des cohéritiers, et la totalité, s'il est seul, toujours afin d'éviter l'inconvénient de la copropriété[3]. Bornons-nous à répondre que la copropriété, pour si désavantageuse qu'elle soit, doit cependant être acceptée, sous peine de violer à la fois et l'article 1636 précité, et la maxime *quem de evictione*.....

La vérité n'est donc point dans ces opinions extrêmes, qui accordent trop tantôt à une partie et tantôt à l'autre; elle se trouve seulement dans l'application stricte de la maxime que nous venons de citer, maxime de laquelle il ne faut jamais s'écarter si l'on veut rester dans l'exacte vérité.

Nous préciserons, en terminant la discussion générale sur le caractère de la garantie, que ceux qui la déclarent indivisible sont généralement d'accord, sauf de rares exceptions, ainsi que nous l'avons incidemment mentionné au courant de cette étude, pour ne le décider ainsi qu'en ce qui a trait à l'obligation de défendre, et qu'ils considèrent les dommages-intérêts comme divisibles, conformément aux principes qui régissent les dettes de sommes d'argent.

Examinons maintenant l'état de la jurisprudence sur la question de l'indivisibilité. M. Valette[4] disait à cet égard : « les arrêts, qui ont eu à statuer sur la question, n'avaient pas des idées bien fixes et ont été quelque peu rendus à l'aventure. » On peut considérer, jusqu'à un certain point, comme fondé, le reproche de l'éminent jurisconsulte, en présence de l'incertitude qui règne, à cet égard, dans les décisions des cours d'appel et de la cour de cassation.

Le système de l'indivisibilité absolue semble cependant y avoir prévalu. Acceptant de confiance la prétendue indivisibilité du fait de la défense[5], les cours en ont, chose singulière, proclamé le principe dans des cas où elles n'avaient pas à en faire l'application, car il s'agissait presque toujours de la

1. *Sic* RODIÈRE, *loco citato*, p. 357.
2. Conf. EYSSAUTIER, *loco citato*, p. 513 et 514.
3. DURANTON, 16, 255.
4. Valette à son cours.
5. La jurisprudence belge se prononce elle aussi pour l'indivisibilité de la garantie à raison de l'indivisibilité du fait dont elle fait remonter le principe aux lois romaines; c'est ce que fait judicieusement observer M. Larombière en son traité *des Obligations* (art. 1217 et n° 1218, n° 11). Les auteurs belges admettent également cette solution pour le même motif. (Conf. Cassat., belge, 5 juin 1856. Gand, 19 juillet 1862; — PASICRISIE, 56, I, 368 et 62, 11, 19 ; — LAURENT, *Vente*, p. 94, note 1). Quelle que soit la valeur de ce motif au point de vue des lois romaines (nous avons vu plus haut ce qu'il en fallait penser), il est certain qu'on ne saurait l'admettre de nos jours en présence du texte formel des articles 1217 et 1218 du code civil.

condamnation aux dommages-intérêts dont elles consacraient la divisibilité en thèse générale. Quelques décisions isolées ont même affecté d'indivisibilité la dette des dommages-intérêts [1].

Un arrêt remarquable rendu le 18 avril 1860 par la cour suprême [2], pose le principe de l'indivisibilité de l'action et de la divisibilité des dommages-intérêts. Il s'agissait, dans l'espèce, d'une vente d'immeubles consentie par divers cohéritiers, parmi lesquels figurait une femme dotale, qui s'était constitué en dot, tous ses biens présents et à venir. Postérieurement à la vente et après avoir obtenu sa séparation de biens, elle avait provoqué le partage judiciaire des mêmes immeubles, afin de faire déterminer son lot et avait ensuite assigné les tiers-détenteurs en délaissement, des biens compris dans ce lot, comme dotaux, et partant inaliénables. Les défendeurs, tout en concluant au rejet de cette action, avaient subsidiairement formé une demande en garantie contre les héritiers vendeurs. Le jugement de première instance accueillit la demande en délaissement, sur ce motif, que les tiers-détenteurs avaient dû s'attendre à l'effet du partage à intervenir ultérieurement, et n'avaient, dès lors, qu'un titre aléatoire soumis aux éventualités de l'article 882 code civ. Il rejeta, d'autre part, la demande en garantie formée contre les cohéritiers, parce que ceux-ci, à raison de l'effet déclaratif du partage, devaient être considérés comme n'ayant jamais été propriétaires du lot de la femme et partant, comme ne l'ayant point vendu. Le 8 juillet 1859, intervint un arrêt de la cour de Toulouse qui, confirmant le jugement de première instance sur les autres chefs, l'infirma eu égard à la garantie, pour ce motif que tout vendeur est, en cette qualité, tenu de garantir; que les cohéritiers restés dans l'indivision, parmi lesquels se trouve une femme dotale, ne sont pas dispensés, lorsqu'ils vendent les biens de la succession, d'avertir les acquéreurs de l'éviction qui les menace du chef de la dotalité, ni de stipuler dans quelle mesure ils veulent s'affranchir de la garantie.

Cette décision fut déférée à la cour suprême, motifs de cassation pris de ce que, d'une part, en vertu de l'article 883, les cohéritiers de la femme dotale ne pouvaient être considérés comme ayant été propriétaires du lot de celle-ci et, par conséquent, comme l'ayant vendu, et, d'autre part, de ce que, même en les déclarant responsables, la chose vendue étant divisible et la solidarité ne se présumant point, les cohéritiers ne pouvaient être tenus que pour leur part et portion. Voici les considérants de l'arrêt eu égard à la garantie : « Attendu que la garantie, qui est de droit, est de sa nature indivisible et qu'elle embrasse la chose vendue tout entière comme chacune des parties qui la composent; qu'il importe donc peu, pour l'application de l'article 1626 code civ., que chacun des demandeurs n'ait été propriétaire que pour partie des immeubles vendus, que l'éviction provienne d'un fait étranger et qu'elle ne porte que sur la part de la femme dotale, contre

---

1. Conf. notamment : Pau, 25 août 1813; — Cassat., 5 janvier 1815; *J. du Palais*, à cette dernière date.
2. *J. du Palais*, 1861, 248.

laquelle aucun recours n'est formé; qu'en se réunissant pour vendre, en un seul tout et par un même acte et sans indication de parts, ces immeubles demeurés indivis entre eux, les demandeurs ont, de plein droit, garanti aux acquéreurs la jouissance et la propriété paisible des immeubles ainsi vendus, et que le fractionnement de cette garantie contraire à la nature de l'engagement pris ne pourrait se justifier que par une stipulation expresse qui n'existe pas. Attendu qu'à la vérité l'obligation devient divisible lorsque, faute par les vendeurs d'avoir pu repousser l'eviction qui menaçait l'acquéreur, elle se résout pour eux en une somme d'argent à payer; que, dans cette hypothèse qui est celle de la cause, chacun d'eux n'est tenu du payement de cette somme qu'en proportion de la part qu'il possédait dans les immeubles vendus, si pour ce cas la solidarité n'a point été stipulée...... »

La cour ajoute en ce qui a trait à l'effet du partage :

« Attendu que le partage effectué à une époque où les demandeurs avaient depuis longtemps cessé d'être propriétaires, a eu pour but unique de fixer les droits de la femme dotale et de déterminer les immeubles sur lesquels pourrait porter la demande en revendication, que, dès ce moment elle se proposait de former, mais que, postérieur à la vente, il n'a pu avoir pour effet d'en changer les conditions et d'en modifier les conséquences légales au préjudice des acquéreurs..... »

Ainsi qu'on le voit, il s'agissait, dans l'espèce prévue par cet arrêt de combiner le principe de l'indivisibilité de la garantie avec celui de l'effet déclaratif du partage. La cour décide que le partage subséquent n'enlève point le droit à la garantie. La garantie existe donc : dans quelle mesure? d'une façon indivisible, dit la cour; mais les dommages-intérêts se divisent, avec cette restriction, formulée en outre par l'arrêt, que la part de l'incapable, de la femme dotale dans l'espèce, se répartit entre les cohéritiers[1].

Un autre arrêt de la cour de cassation, du 14 décembre 1868[2], décide que l'exception de garantie est indivisible[3] et semble impliquer la même solution eu égard à l'action, mais en statuant qu'il n'en doit être ainsi que lorsque, comme dans l'espèce, l'indivisibilité résultera de la nature de la chose vendue ou de la commune intention des parties. Cet arrêt paraît donc indiquer par *a contrario* que la jurisprudence la plus récente de la cour suprême, serait favorable en règle générale, à la divisibilité. L'arrêt de 1868 semble ainsi ouvrir une voie nouvelle et il est à présumer que, le jour où la cour de cassation aura véritablement à se demander si l'obligation de défendre considérée en elle-même est ou non divisible, elle fera justice de la prétendue indivisibilité du fait, pour voir ce qui est vraiment dans la nature des choses, c'est-à-dire, la divisibilité entière, tant celle de l'action que celle de l'exception.

1. Conf. dans ce sens : Cassat., 19 février 1811 et 5 janvier 1815; *J. du Palais*, à leur date; — Bordeaux, 1er mars 1826; — Rouen, 25 avril 1832 et 22 mai 1839; — SIREY, 32, II, 564 et 39, II, 453; — cassat., 29 juillet 1858, *J. du Palais*, 60, 459.

2. *J. du Palais*, 69, 290.

3. Arrêts précités de cassation des 19 février 1811 et 5 janvier 1815; — cassation, 11 août 1830; *J. du Palais* à sa date; — Bordeaux, 8 déc. 1831; — Nancy, 2 mai 1833; — Cassation, arrêt précité du 22 mai 1839.

9 782019 295905